GUIDE THÉORIQUE ET PRATIQUE

DES

AVANCES AUX AGENTS

DES SERVICES RÉGIS PAR ÉCONOMIE

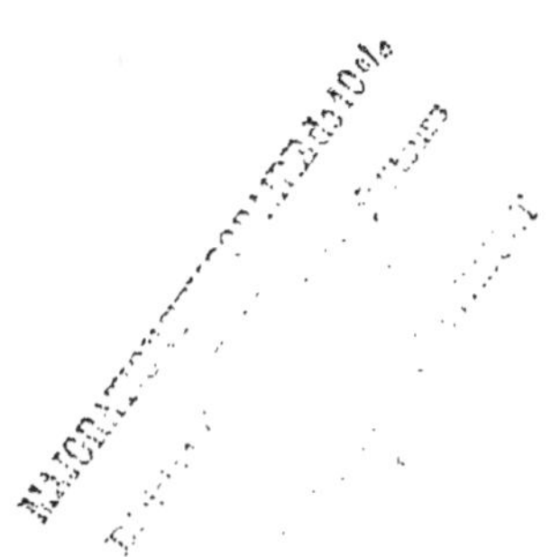

GUIDE THÉORIQUE ET PRATIQUE

DES

AVANCES AUX AGENTS

DES SERVICES RÉGIS PAR ÉCONOMIE

LEURS JUSTIFICATIONS

A L'USAGE DE MM. LES GESTIONNAIRES

PAR

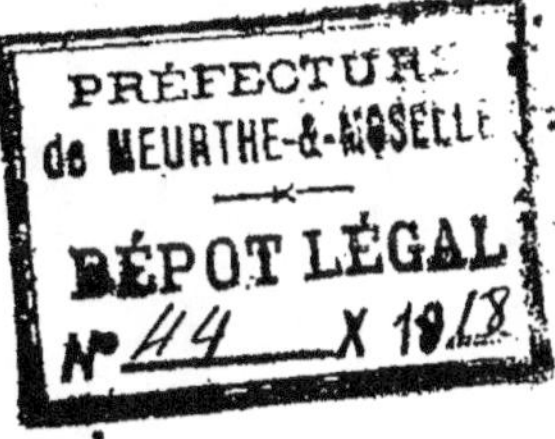

C. GRIMALDI
PAYEUR PARTICULIER
CH. CHEVALIER DE LA LÉGION D'HONNEUR

P. DERUY
PAYEUR AUX ARMÉES

BERGER-LEVRAULT, LIBRAIRES-ÉDITEURS

PARIS
5-7, RUE DES BEAUX-ARTS

NANCY
RUE DES GLACIS, 18

1917

Prix : 1 fr. 50

GUIDE THÉORIQUE ET PRATIQUE

DES

AVANCES AUX AGENTS

DES SERVICES RÉGIS PAR ÉCONOMIE

LEURS JUSTIFICATIONS

A L'USAGE DE MM. LES GESTIONNAIRES

PAR

GRIMALDI	DIRUY
PAYEUR PARTICULIER	PAYEUR AUX ARMÉES
CHEVALIER DE LA LÉGION D'HONNEUR	

BERGER-LEVRAULT, LIBRAIRES-ÉDITEURS

PARIS	NANCY
5-7, RUE DES BEAUX-ARTS	RUE DES GLACIS, 18

1917

A

MONSIEUR LE PAYEUR GÉNÉRAL ANDRIEUC

Hommage respectueux des auteurs.

GUIDE THÉORIQUE ET PRATIQUE

DES

AVANCES AUX AGENTS

DES SERVICES RÉGIS PAR ÉCONOMIE

CHAPITRE I

AVANCES AUX AGENTS SPÉCIAUX DES SERVICES RÉGIS PAR ÉCONOMIE

Principe. — Pour faciliter l'exploitation des services administratifs régis par économie, il peut être fait aux agents spéciaux de ces services l'avance d'une certaine somme, sur ordonnances du ministre ou sur mandats des ordonnateurs secondaires et sans justifications préalables (Règl. 3 avril 1869, art. 169, *B. O.* 24).

Maximum des avances. — Les articles 45 du décret du 24 mars 1877 et 63 de l'Instruction du 31 octobre 1904 ont fixé à 35.000 francs le maximum des avances qui peuvent être mises, pour chaque année, à la disposition du même gestionnaire.

Par suite des mesures spéciales concertées entre les départements de la Guerre et des Finances, le montant des avances susceptibles d'être faites sur mandats des ordonnateurs secondaires aux agents spéciaux, pour chacun des services des subsistances dont il a la gestion, a été porté à 70.000 francs pour toute la durée de la guerre (Décr. 21 sept. 1914).

Les avances faites dans les mêmes conditions aux officiers d'administration, gérants des commandements du génie aux armées, peuvent s'élever à 70.000 francs (Décr. 6 oct. 1915). Cette fixation est faite pour la durée des hostilités.

Le maximum des avances *pour salaires,* effectuées au titre du chapitre 18 (chemins de fer) ou 24 (fortifications) du budget de la Guerre, est de 120.000 francs.

Enfin, les agents spéciaux des tribunaux militaires peuvent percevoir, dans les conditions prévues par l'article 169, des avances dont le maximum est de 800 francs, tant en France (Décr. 5 oct. 1909) qu'en Algérie ou en Tunisie (Décr. 1er sept. 1899).

Les agents spéciaux chargés exceptionnellement de la gestion de plusieurs services peuvent recevoir, en cas de nécessité, autant d'avances aux maxima fixés, qu'ils gèrent de services.

Délai de justification. — Le délai de justification ne doit pas dépasser quarante-cinq jours (Décr. 24 mars 1877, art. 45, modifié par Décr. 15 mars 1902). Les payeurs aux armées tiennent un carnet spécial pour suivre la rentrée des justifications dans les délais réglementaires.

Accréditation de signature. — La signature des agents spéciaux des services régis par économie doit être accréditée auprès des comptables intéressés.

Mutations. — Les payeurs doivent être tenus au courant des mutations survenues dans le personnel des officiers gestionnaires. Il y a lieu de faire connaître le nom et le prénom habituel des nouveaux gestionnaires (Instr. 29 déc. 1915, n° 4919). Ce prénom est nécessaire au Service central au point de vue du classement des fiches des officiers du même nom.

Mode d'obtention des avances. — La première avance s'obtient sur une copie de l'arrêté de l'ordonnateur qui l'autorise, indiquant approximativement le montant de la dépense à faire; les avances subséquentes n'ont lieu que sur la production d'une demande de l'agent spécial du service, arrêtée par l'ordonnateur, lequel doit certifier que le nouveau paiement ne portera pas la somme avancée au delà des limites ci-dessus rappelées (Règl. 3 avril 1869, art. 173).

Emploi des avances. — Les agents spéciaux des services régis par économie, autant pour se conformer à l'esprit des dispositions réglementaires que pour sauvegarder le droit, reconnu en faveur des tiers, de former entre les mains des payeurs des oppositions contre les débiteurs, créanciers de l'État, doivent avoir soin de restreindre les paiements à faire, au moyen des avances mises à leur disposition, aux menus achats et autres dépenses qui, par leur peu d'importance ou par leur nature, ne sauraient donner lieu à des ordonnancements directs, et qui, se soldant immédiatement, ne sont pas susceptibles d'opposition. Dans le cas où quelque circonstance particulière, dont l'appréciation serait alors soumise au fonctionnaire chargé de la surveillance administrative du service, nécessiterait une exception à cette règle, les agents spéciaux ne pourront procéder au paiement qu'après avoir acquis la preuve qu'il n'existe aucune opposition sur le créancier en exigeant la production d'un certificat négatif (art. 174 du règlement).

Sans avoir égard d'une façon absolue à la spécialité d'emploi des avances par branche du service, les gestionnaires peuvent, en cas de besoin pressant, payer les dépenses d'une branche du service avec les fonds perçus au titre d'une autre branche, sauf à régulariser le plus tôt possible cet emprunt temporaire, par une demande d'avance au titre de la branche du service dont les fonds étaient insuffisants (Instr. 22 août 1899, art. 11 et 17).

Compte des avances. — Chaque agent spécial tient un compte des avances qui est coté et paraphé par l'ordonnateur secondaire. Le comptable du Trésor y inscrit lui-même les avances qu'il délivre ; il date et signe les inscriptions. En fin d'année ou de gestion, ledit compte est vérifié et arrêté par l'ordonnateur (art. 175 du règlement). Le compte comprend autant de divisions qu'il y a de branches de service au titre desquelles il est perçu des avances (vivres, fourrages, chauffage, transports).

Division des avances en plusieurs paiements. — La somme formant le maximum des avances autorisées pour l'exploitation des services administratifs est, autant que possible, divisée en plusieurs avances, dont chacune doit toujours être justifiée dans les délais ci-dessus indiqués, sans que, durant cet intervalle, la non-justification d'une avance antérieure puisse mettre obstacle à l'obtention d'une nouvelle avance, pourvu que, réunies, elles n'excèdent pas le maximum qui est fixé (Décr. 31 mai 1862, art. 94).

Clôture de la gestion. — D'après l'article 175 du règlement sur la comptabilité des dépenses de la Guerre (*B. O.* 24, p. 81) les gestionnaires des services régis par économie doivent, en fin d'année, reverser les sommes qui peuvent leur rester en caisse au titre de l'année écoulée, de telle sorte qu'il n'existe jamais d'excédent à reporter d'une année à l'autre, lorsque les dépenses n'ont pas, à ce moment, épuisé entièrement le montant des frais avancés.

L'attention des officiers gestionnaires est appelée sur les dispositions qui précèdent. Ils devront donc prendre des mesures nécessaires pour que les comptes d'avances soient, ainsi que le prescrit l'article 175 *in fine* du règlement, clos et définitivement arrêtés à la date du 31 décembre de chaque année.

Dans ces conditions, il ne saurait y avoir lieu,

d'une manière générale, à l'émission, à partir du 1er janvier de chaque année, de mandats d'avances afférents à l'année écoulée. Dès le début de l'année, les mandats d'avances doivent être imputés sur le nouvel exercice (Circ. min. Guerre, n° 2944-4/9, 2 avril 1917).

Toutefois, une instruction du ministre de la Guerre, reproduite au *Bulletin officiel* 24, page 173, article 173, prévoit que les mandats d'avances peuvent être émis dans la seconde partie de l'exercice, pour permettre le règlement de *travaux faits avant le 31 décembre*. Les mandats ordonnancés dans ces conditions doivent indiquer la nature des travaux auxquels s'applique l'avance et l'époque à laquelle ces travaux ont été exécutés.

Reversement des avances. — Les agents spéciaux auxquels il a été fait des avances de fonds ne sont pas obligés de justifier de leurs paiements par sommes égales au montant de chaque avance; ainsi, lorsqu'ils ont entre les mains des pièces de dépenses pour une somme supérieure à l'avance qu'il s'agit de régulariser, ces pièces ne doivent pas être scindées, mais l'excédent de justification est reporté sur l'avance subséquente (art. 175 du règlement).

Les reversements de fonds ont donc lieu seulement lorsque le comptable ne peut pas produire, dans le délai de quarante-cinq jours, des justifications pour une somme égale ou supérieure au montant de l'avance qu'il a reçue. Ces reversements sont effectués en vertu d'un ordre de reversement dans la forme du modèle n° 31.

Avant de délivrer un ordre de reversement, les ordonnateurs doivent toujours se faire produire par qui de droit des justifications complètes, tant sur le bien-fondé du versement que sur l'exactitude du décompte des sommes à verser. Tout versement non justifié par suite de l'inobservation de ces dispositions engagerait la responsabilité disciplinaire des ordonnateurs et celle des trésoriers et comptables qui l'aurait provoqué (Instr. 30 juill. 1903, art. 183).

Reversements en fin d'exercice ou de gestion. — Les reversements s'effectuent également, en fin d'année ou de gestion, de telle sorte qu'il n'existe jamais d'excédent à reporter d'une gestion ou d'une année à l'autre, lorsque les dépenses n'ont pas, auxdites époques, épuisé entièrement le montant des fonds avancés. Si le chiffre des dépenses est, au contraire, supérieur à celui de l'avance reçue, les pièces sont scindées de manière à empêcher le report (art. 175 du règlement).

Retard dans la remise des pièces aux payeurs. — En cas de retard, de la part d'un agent de service régi par économie, dans la remise des pièces dont il doit la justification au payeur, ce dernier s'adresse à l'ordonnateur qui est tenu, sous sa responsabilité, de prendre les dispositions nécessaires pour faire cesser ce retard et d'en rendre compte au ministre de la Guerre, afin de le mettre à même d'ordonner, s'il y a lieu, des mesures de rigueur contre l'agent retardataire.

CHAPITRE II

DES JUSTIFICATIONS D'AVANCES

§ 1 — Généralités

Principe. — Les avances faites aux gérants des établissements régis par économie, par application de l'article 169 du règlement, sont justifiées dans les délais réglementaires par la production aux comptables du Trésor des pièces désignées soit dans la nomenclature des justifications communes annexées au règlement du 3 avril 1869 (*B. O.* 24 *bis*), soit dans le tableau spécial au service intéressé.

Les pièces justificatives que les comptables titulaires de ces avances remettent aux payeurs doivent présenter tous les caractères d'écrits libératoires.

En conséquence, les agents spéciaux ne doivent opérer le paiement des dépenses qu'ils sont autorisés à solder que sur la quittance des créanciers réels ou de mandataires justifiant de leur qualité.

Bordereau des pièces justificatives des avances. — Les agents spéciaux des services régis par économie dressent des bordereaux, en double expédition (mod. n° 30), des pièces et quittances fournies par les parties prenantes, en y joignant, s'il y a lieu, la déclaration de reversement (*et non le récépissé*) de la somme non employée ou non justifiée; ils soumettent ces bordereaux à la vérification et au visa de l'ordonnateur, et les produisent ensuite avec les pièces à l'appui aux payeurs aux armées qui leur remettent une expédition desdits bordereaux, après l'avoir revêtue de leur déclaration de réception. Cette expédition reste dans les archives du gestionnaire.

Les bordereaux de justifications d'avances doivent porter en tête, à gauche, un numéro de série. La série s'arrête avec l'exercice. Cette indication a son importance pour suivre la série des justifications. La mention, en tête, à droite du bordereau, doit toujours être remplie. Il y a lieu d'indiquer également le numéro du mandat d'avance, le montant et la date du paiement. Cette date est celle de l'inscription par le payeur sur le compte des avances de fonds reçues par le gestionnaire. En dernière page, indiquer, s'il y a lieu, le numéro et la date du récépissé de reversement.

Les bordereaux des pièces justificatives d'avances (mod. n° 30) transmis aux payeurs doivent porter à l'*encre*, en tête de chacun d'eux, d'une façon très apparente et très lisible, le nom du gestionnaire et la désignation de sa formation.

Cette indication sera donnée de la façon suivante :

I. M.   , gestionnaire des subsistances de la   ᵉ division d'infanterie *ou* de cavalerie, *ou* de la D. E. S. de la   ᵉ armée;

II. M.   , gestionnaire de la boulangerie de

la ᵉ armée, *ou* de campagne de la ᵉ division d'infanterie *ou* de cavalerie ;

III. M.   , gestionnaire du grand parc d'artillerie nᵒ   de la ᵉ armée, *ou* nᵒ   du ᵉ corps
d'armée, *ou* nᵒ   de la ᵉ division ;

IV. M.   , gestionnaire de l'ambulance
nᵒ de la   ᵉ division d'infanterie *ou* de cavalerie ;

V. M.   , gestionnaire du parc du génie
nᵒ   de la   ᵉ armée, *ou* nᵒ   du   ᵉ corps d'armée,
ou nᵒ   de la   ᵉ division ;

VI. M.   , commis greffier du Conseil de
guerre de la ᵉ armée, *ou* du ᵉ corps d'armée,
ou de la   ᵉ division.

Avance liquidée sans pièce de dépense. —
Lorsqu'un gestionnaire liquide la totalité ou une
partie d'avance sans pièce de dépense, mais seulement par reversement au Trésor, il doit transmettre
au payeur un bordereau modèle nᵒ 3o négatif, mais
appuyé de la déclaration de versement visée de
l'intendant.

Recommandations importantes. — Les dossiers
ne doivent être transmis au payeur que complets,
les décomptes des factures et mémoires vérifiés
avec soin. Les déclarations de reversement doivent
toujours être visées par le sous-intendant militaire
qui a visé le récépissé.

***Justifications des avances perçues par les
gestionnaires des formations sanitaires.*** — La
question a été posée de savoir si lorsqu'une forma-

tion sanitaire passe de la zone de l'avant à celle de l'arrière ou inversement, ou d'une armée à une autre, le gestionnaire doit produire les justifications des avances qu'il a reçues à l'ordonnateur qui les lui a délivrées ou au directeur du Service de Santé sous les ordres duquel il se trouve placé.

En raison des difficultés que présentent très souvent, par suite de l'éloignement ou de la lenteur des communications, les correspondances entre les formations sanitaires et l'ordonnateur qui a délivré l'avance, il y a lieu de faire vérifier ces pièces par le directeur du Service de Santé sous les ordres duquel les formations sont placées et qui devra les transmettre aux services intéressés, savoir :

Une expédition au payeur, l'autre au bureau de comptabilité et de renseignements des armées (Service de Santé) (Instr. 23 déc. 1914, n° 12258 2/7).

Établissement des factures. — Les dépenses acquittées au moyen des fonds d'avance donnent lieu à l'établissement de factures ou quittances suivant que chaque dépense excède ou n'excède pas 10 francs. Pour la justification de toutes les dépenses au-dessus de 10 francs, il est produit une double facture. La première expédition fournie comme justification d'avance est soumise à la formalité du timbre ; la deuxième expédition, qui reste dans les archives du gestionnaire, n'est pas timbrée.

Les factures ou quittances portent reçu ou quittance du fournisseur ou du débiteur, ainsi que la mention soit de la prise en charge, soit de l'exécution du service fait, mention signée du gestionnaire et visée du sous-intendant militaire ou du chef de service (génie et artillerie). Les factures sont revêtues de l'une des mentions suivantes :

L'officier d'administration,   gérant certifie la réalité de la dépense et déclare avoir pris en charge les matières et objets détaillés ci-dessus, suivant bordereau récapitulatif n°

ou

que le service a été bien exécuté

ou

que les menues matières et objets de consommation détaillés ci-dessus ont été inscrits au carnet des matières et objets de consommation courante sous le n°

ou

que le matériel ci-dessus a été inscrit au registre matricule des machines sous le n°   .

Relevés récapitulatifs à fournir par les gestionnaires des subsistances. — Les factures et quittances sont résumées dans un relevé récapitulatif (mod. n° 5) établi en double expédition et qui est soumis à la vérification du sous-intendant militaire.

Les relevés sont distincts par branche du service, et suivant que les dépenses se rattachent à la comptabilité-matières ou qu'elles doivent être justifiées en deniers seulement.

Une expédition des relevés est mise, avec les factures et quittances, à l'appui du bordereau des pièces et quittances, pour justifier auprès du payeur

de l'emploi des avances faites. La dernière expédition est adressée au bureau de comptabilité pour
servir à l'établissement du bordereau destiné à
appuyer l'entrée des matières au compte de gestion,
d'une part, et à l'établissement des comptes des
frais d'exploitation d'autre part.

§ 2 — Paiement des dépenses — De l'acquit

Définition de l'acquit. — L'acquit est la recon-
naissance de paiement donnée par la partie prenante
au bas de la facture ou mémoire.

De la régularité de l'acquit. — Tous les créanciers dénommés dans la facture ou le mémoire
doivent donner quittance, et l'orthographe des
signatures doit concorder très exactement avec celle
des noms inscrits dans le corps de la facture ou du
mémoire.

L'usage des griffes pour les signatures est interdit
(Arr. C. des comptes 15 juin 1843).

Les signatures au crayon n'ont aucune valeur.

Créancier ne sachant pas signer. — Lorsque
la somme à payer n'excède pas 150 francs, si le
créancier ou son représentant ne sait pas signer, il
en fait la déclaration au comptable qui la transcrit
immédiatement en sa présence sur la pièce, la signe
et la fait signer par deux témoins présents à ladite
déclaration (Circ. Compt. 18 juill. 1833, n° 31).
Les témoins peuvent être deux femmes ou un

homme et une femme. Il est recommandé d'éviter de choisir des témoins susceptibles d'être *reprochés* dans le sens de l'article 283 du Code de procédure, comme leur femme, une proche parente ou une personne à leur service. Lorsque la somme excède 150 francs, là quittance est donnée par acte notarié (Code civ., art. 1341; Circ. Compt., nᵒˢ 31 et 46-§ 16).

Au-dessous du « Pour acquit », inscrire là mention suivante :

« La partie prenante ayant déclaré ne savoir signer (ou ne pouvoir signer pour cause de   ), a été payée en présence de MM. (noms, prénoms, qualités et domiciles des deux témoins), qui ont signé avec l'officier d'administration comptable.

Les Témoins,   *L'Officier d'administration.*

Pièces justificatives. — I. Fondé de pouvoirs. — Si le paiement est fait à un fondé de pouvoirs, sa procuration est annexée à la facture ou au mémoire (Décr. 31 mai 1862, art. 94; Décr. 3 avril 1869, art. 169). La procuration peut être générale ou spéciale, notariée ou sous seing privé, mais elle doit être écrite sur papier timbré, et dans tous les cas dûment légalisée.

II. Sociétés commerciales ou industrielles, syndicats, etc. — Les associations quelconques, pour les sommes n'excédant pas 500 francs, n'ont qu'à communiquer aux comptables, et sans être tenues *de s'en dessaisir,* les pièces constatant leur existence légale et la qualité de leurs agents. De leur côté, les comptables inscrivent sur le mémoire ou la facture, auprès de l'acquit, un certificat qui peut être rédigé comme suit : « L'officier d'administration gestionnaire soussigné certifie que la personne intervenant au paiement a droit à la signature sociale, en vertu d'acte   en date du   . »

Pour les sommes supérieures à 5oo francs, les comptables doivent exiger, sous leur responsabilité, les pièces constatant l'existence régulière de la société, les qualités et les droits des parties prenantes. Cette justification peut être faite au moyen de la production, à l'appui du paiement, d'une expédition ou d'un extrait sur timbre de l'acte de société sous seing privé ou notarié, dûment certifié par le président du Conseil d'administration. La légalisation de ces pièces n'est pas exigée.

1° *Société de fait.* — S'il n'existe pas d'acte de société, tous les associés doivent donner l'acquit ou donner pouvoir sous seing privé à l'un d'eux.

2° *Société en nom collectif.* — L'associé ayant reçu mission de recevoir, doit apposer la signature sociale à l'acquit et produire l'acte de société et un pouvoir ou un extrait de délibération sur timbre. Les expéditions, copies ou extraits des délibérations des conseils d'administration ou des assemblées générales des sociétés, qui sont des actes privés, peuvent être établis sur du papier timbré de dimension inférieure à celle de 1f8o.

3° *Societé anonyme en commandite.* — Les administrateurs ou le gérant ont qualité pour donner quittance en produisant l'extrait de l'acte de société.

4° *Société dissoute et liquidée.* — Un extrait (sur timbre) du jugement ou de la délibération de l'assemblée générale qui a nommé le liquidateur paraît suffisant pour autoriser ce dernier à donner quittance. Cet extrait est joint au mémoire, si la somme excède 5oo francs.

. III. Veuve. — Il n'est plus exigé que la signature d'une veuve fasse mention de son nom patronymique et de sa qualité. La signature habituelle (veuve Durand ou Marie Durand, etc.) doit être acceptée comme suffisante.

IV. Mineurs. — Leurs tuteurs ont à fournir la preuve de leur qualité. Il ne semble pas, toutefois, qu'ils soient tenus de se dessaisir des pièces justificatives, la Comptabilité publique admettant comme réguliers les paiements faits à des tuteurs (surtout légaux) sans justifications. Le tuteur a, en effet, qualité pour toucher (Code civ., art. 389 à 391).

Il sera fait mention de la présentation des pièces.

Références. — Lorsque les pièces justificatives ont été jointes à un mémoire ou une facture, il y a lieu de porter une simple référence sur les pièces ultérieures.

Exemple : « Les actes et pièces portant constitution de la Société Imprimerie et Librairie Berger-Levrault, ainsi que les pouvoirs du signataire, sont joints à l'ordonnance 760/3, chapitre 89, exercice et gestion 1913, Instruction publique (Service du caissier-payeur central du Trésor public). »

CHAPITRE III

TIMBRE ET ENREGISTREMENT DES PIÈCES

§ 1 — Timbres mobiles de dimension

Les mémoires et factures supérieurs à 10 francs sont assujettis au timbre de dimension. Les timbres mobiles correspondent aux droits de timbre à percevoir à raison de la dimension du papier. Ils sont apposés et annulés au moyen d'une griffe, soit par les receveurs de l'Enregistrement, soit par les payeurs aux armées. On a refusé aux officiers d'approvisionnement l'autorisation d'apposer des timbres mobiles sur les mémoires de fournisseurs (Solut. 3 sept. 1886).

Quotité et dimensions.

	SUPERFICIE	PRIX
Demi-feuille de petit papier .	$0^{mq}0442$	0^f60
Feuille de petit papier. . . .	0 0884	1 20
Feuille de moyen papier. . .	0 1250	1 80
Feuille de grand papier. . .	0 1768	2 40
Feuille de grand registre. . .	0 2500	3 60

Actes entre l'État et les particuliers. — Dans tous les cas, le droit de timbre est à la charge des particuliers : c'est ce qui résulte de l'article 29 de la loi du 13 brumaire an VII, toujours en vigueur et qui est ainsi conçu :

« Le timbre des quittances fournies à la République et délivrées en son nom est à la charge des particuliers qui les donnent ou les reçoivent ; il en est de même pour tous les actes entre la République et les citoyens. En d'autres termes, l'État ne se paie pas de droits à lui-même. »

Exemption. — Les factures de fournitures faites, *sans bénéfice,* par les compagnies de chemin de fer à l'État, ne doivent pas être soumises au timbre de dimension.

Les factures de cette nature produites à l'appui de la comptabilité devront porter la certification, par l'ordonnateur, que les fournitures ont été faites au prix de revient réel, sans bonification ni rémunération d'aucune sorte au profit des compagnies.

L'exemption de timbre ne s'étend pas aux pièces relatives aux locations de matériel faites contre indemnité par les compagnies de l'État (Décis. min. Fin. 6 avril 1917).

§ 2 — TIMBRES-QUITTANCE

Quotités. — Le droit de timbre auquel sont soumis, en vertu de l'article 18 de la loi du 23 août 1871, les titres emportant libération, reçu ou décharge de sommes, est ainsi fixé par l'article 28 de la loi du 15 juillet 1914 :

Pour les sommes de :

o à	10 francs inclusivement, dispense du timbre.				
10^{f}o1 à	200	—	—		o^{f}10
200 01 à	5oo	—	—		o 20
5oo 01 à	1.000	—	—		o 3o
1.000 01 à	3.000	—	—		o 4o
supérieures à 3.000		—	—		o 5o

Oblitération. — Le timbre est oblitéré par l'apposition à l'encre noire, en travers du timbre, de la signature du créancier ou de celui qui donne reçu ou décharge, ainsi que de la date de l'oblitération.

Cette signature peut être remplacée par une griffe apposée à l'encre grasse, faisant connaître la résidence, le nom ou la raison sociale du créancier et la date de l'oblitération du timbre (Décr. 27 nov. 1871, art. 2).

Toutes les formalités prescrites pour l'oblitération sont indispensables pour assurer l'exécution de la loi et sauvegarder les intérêts du Trésor. La signature seule serait insuffisante (Rouen, 1er déc. 1898). L'oblitération au moyen du contexte de la quittance serait également irrégulière (Rouen, 5 févr. 1895).

Date et signature, partie sur le timbre, partie en dehors. — On doit considérer comme valablement oblitéré le timbre mobile de quittance qui, revêtu de la date d'oblitération, ne porterait, en outre, qu'une partie de la signature du créancier, le surplus débordant sur le papier (Décis. min. Fin. 18 mai 1876).

Timbre mobile oblitéré par la signature de l'acquit. — La question a été posée de savoir si l'on doit considérer comme formant acquit la signature apposée par le créancier sur le timbre avec la date de l'oblitération, ou s'il faut exiger sur chaque quittance l'apposition de deux signatures du créancier, l'une valant décharge et l'autre exclusivement destinée à oblitérer le timbre.

Il est établi, en principe, que la signature précédée du « Pour acquit » apposée par le créancier sur le timbre avec la date de l'oblitération prouvera suffisamment la libération du débiteur.

Toutefois, l'Administration des Finances exige que sur toutes les pièces comptables la signature donnée pour décharge par les créanciers de l'État soit toujours indépendante de l'oblitération du timbre mobile. Ce mode de procéder présente en effet ce double avantage d'abord d'empêcher que la signature d'acquit ne disparaisse, ce qui pourrait arriver si elle n'était apposée que sur le timbre et que ce timbre vînt à être enlevé ou décollé par suite de la manipulation des liasses considérables de pièces de dépenses adressées au Trésor pour être ensuite transmises à la Cour des Comptes ; en second lieu, d'obtenir une signature plus visible et plus nette que celle apposée sur le timbre-quittance, et de prévenir ainsi des difficultés d'une certaine gravité. Les comptables sont d'ailleurs intéressés au maintien de cette mesure d'ordre, dont l'inexécution a provoqué des injonctions de la Cour des Comptes (Voir Circ. Compt. publ. 12 nov. 1882 et jug. Trib. Saint-Claude 15 juill. 1891).

Application d'un timbre unique de la quotité prescrite ou de plusieurs timbres représentant dans leur ensemble le montant du droit exigible. — L'article 2 du décret du 20 janvier 1915 dispose que « le paiement du droit de timbre dû sur une quittance peut être constaté au moyen de l'apposition d'un ou de plusieurs des timbres mobiles créés par le présent décret ». D'autre part, l'Instruction générale de l'Administration de l'Enregistrement n° 3436 porte que « lorsque le droit de timbre exigible sera supérieur à 10 centimes, il sera loisible aux intéressés de l'acquitter en apposant, soit un seul timbre mobile de la quotité correspondant au montant du droit, soit plusieurs timbres mobiles représentant une valeur totale égale à ce montant ».

Salaires des ouvriers des établissements militaires. — Les timbres de quittance dus par les ouvriers civils pour chaque quittance excédant 10 francs sont apposés sur l'état récapitulatif.

Qui doit payer le droit de timbre-quittance? — Le timbre des quittances fournies à l'État ou délivrées en son nom est à la charge des particuliers qui les donnent ou les reçoivent (L. 13 brumaire an VII, art. 29).

Exemptions. — 1° Les pièces relatives au paiement des indemnités de fonctions accordées aux ouvriers pourvus de certificat de capacité sont exemptes de timbre, conformément aux dispositions de l'article 16, n° 1, alinéa 9 de la loi du 13 brumaire an VII (Solut. Admin. Enregistr. 17 déc. 1915).

2° *Primes payées aux maréchaux ferrants des corps de troupe.* — Deux cas à distinguer : *a*) Le maréchal ferrant est abonnataire, le paiement a lieu en vertu d'un marché et au moyen de « primes journalières ». Les timbres de dimension et de quittance sont exigibles sur les mémoires excédant 10 francs ;

b) Le paiement a lieu par application du régime institué par la circulaire du ministre de la Guerre du 9 juillet 1915, c'est-à-dire que le maréchal ferrant se borne à exécuter le travail de son métier. Les mémoires, dans ce cas, sont dispensés de timbre (Solut. Admin. Enregistr. 17 déc. 1915).

§ 3 — Baux passés entre l'État et les particuliers

Enregistrement gratis. — L'autorité militaire est amenée à passer des baux avec les particuliers, soit pour l'installation des services, soit pour le logement des troupes, soit pour tout autre motif. La question a été posée de savoir s'il y a lieu de soumettre à la formalité de l'enregistrement les actes passés dans ces conditions.

Il résulte d'une solution de l'Enregistrement, en date du 13 mars 1917, que cette question doit être résolue par l'affirmative, attendu qu'il s'agit en l'espèce d'actes administratifs comportant mutation de jouissance (L. 15 mai 1818, art. 78).

La formalité doit d'ailleurs être donnée *gratuite-ment*. La gratuité, dans ce cas, ne résulte pas des dispositions de la loi du 18 décembre 1878, qui exonère des droits les actes faits en vertu de la loi du 3 juillet 1877 sur les réquisitions militaires; ces dispositions ne sauraient s'appliquer en effet à des baux *amiables* à l'occasion desquels l'Administration de la Guerre n'a pas usé de son droit de réquisition.

Mais l'article 70-§ 2, n° 1, de la loi du 22 brumaire an VII édicte la gratuité d'enregistrement pour « les acquisitions faites par l'État, et il est admis que cette disposition peut être étendue aux baux consentis au profit de l'État et qui constituent des acquisitions de jouissance, lorsque, conformément au droit commun, les frais de l'acte sont à sa charge (L. 22 frim. an VII, art. 31; Décis. min. Fin. 24 juin 1814, 5 déc. 1821, 13 août 1829).

Il est bien entendu qu'en aucun cas on ne saurait considérer comme *verbale* une convention ayant fait l'objet d'un acte écrit signé des deux parties contractantes.

Droit d'enregistrement exigible. — Le droit d'enregistrement est exigible lorsque, par une clause spéciale insérée d'un commun accord dans l'acte de bail fait à l'État, il a été convenu que le bailleur supportera, non seulement le droit de timbre mis à sa charge personnelle par l'article 29 de la loi du 13 brumaire an VII, mais encore le droit d'enregistrement.

Tarif. — Le droit est de 25 centimes % (décimes compris). Il est perçu sur le prix cumulé de **toutes** les années en y ajoutant toutes les charges imposées au preneur (L. 22 frim. an VII, art. 14, n°s 11, 69-§ 3; L. 16 juin 1824, art. 1).

Le tarif est le même pour les baux de biens meubles et pour les baux de biens immeubles. Le droit suit les sommes et valeurs de 20 francs en 20 francs inclusivement et sans fraction (L. 27 ventôse an IX, art. 2). Il est soumis au minimum de 32 centimes (décimes compris) (même loi, art. 3).

Exemple : Bail pour trois ans, moyennant un loyer annuel de 110 francs, sans charge.

Liquidation du droit.

$$110 \times 3 = 330$$

dû à 0,20 % sur 340 =	0^f 68
décimes . . 1/4 —	0 17
Total . .	0^f 85

Délai d'enregistrement. — Le bail passé entre l'État et un particulier constitue un acte administratif qui doit être enregistré dans les vingt jours. Le délai court à partir de leur date pour les actes dispensés de l'approbation et du jour de l'approbation pour ceux qui y sont assujettis.

Bureau compétent. — Le seul bureau compétent pour l'enregistrement des actes administratifs est celui dans le ressort duquel se trouve le siège de l'autorité qui les a reçus (L. 22 frim. an VII, art. 26). Toutefois, les actes administratifs *en brevet* sont soumis au régime des actes sous seing privé ; ils peuvent donc être enregistrés dans les bureaux compétents pour recevoir les actes de cette nature.

Heures d'ouverture des bureaux de l'Enregistrement. — Les bureaux d'enregistrement sont ouverts au public tous les jours, excepté les dimanches et jours fériés reconnus par la loi, durant une seule séance, de 8 heures du matin à 4 heures de l'après-midi (L. 27 mai 1791, art. 11).

Enregistrement hors délai. Pénalité. — Si l'acte n'est pas enregistré dans les vingt jours de sa date ou de son approbation, aucune pénalité de retard n'est exigible, à notre avis, si les droits d'enregistrement sont à la charge de l'État, par cette raison que là où il n'est pas dû de droit simple, il ne peut pas être dû de droit en sus, puisque ce droit en sus est égal à zéro. Il en est autrement si les droits sont, d'après l'acte, à la charge du particulier qui loue à l'État. Dans ce cas, il est dû un droit en sus.

Timbre. — Les baux faits à l'État, qu'ils soient enregistrés gratis ou au droit de 25 centimes °/₀ (décimes compris), sont assujettis au droit de timbre de dimension. Le montant du droit de timbre est à la charge des bailleurs (Décis. min. Fin. 19 nov. 1868).

§ 4 — Marchés passés entre l'État et les particuliers

Principe. — Conformément aux instructions données par le ministère de la Guerre en ce qui concerne les paiements de travaux ou fournitures, toutes les fois qu'un marché a été passé, ce marché doit être joint à l'appui de la dépense, après avoir été soumis à la formalité de l'enregistrement.

Cette disposition s'applique aux marchés, quelle que soit leur forme, qu'ils résultent d'un acte spécial, d'une mention inscrite sur une facture ou d'un simple échange de lettres entre les fournisseurs et le chef de service intéressé.

Les marchés militaires ne jouissent pas des immunités accordées aux actes concernant exclusivement les gens de guerre, parce qu'ils font titre non seulement pour l'État, mais aussi pour les fournisseurs (Décis. min. Fin. 19 germ. an X). Ils sont assujettis aux mêmes règles que les autres marchés de l'État (Montbéliard, 22 nov. 1893). Ils demeurent assujettis au timbre et à l'enregistrement sur la minute, dans le délai de vingt jours, sous peine d'un droit en sus, en cas de retard (L. 15 mai 1818, art. 78).

Preuve de l'existence de la convention. — Le droit d'enregistrement d'un marché administratif ne peut être exigé que sur un écrit ou sur une réunion d'écrits formant titre à l'égard des deux parties. Les conventions verbales conclues par les autorités administratives restent en dehors des dispositions de la loi du 15 mai 1818.

Lettres missives. — Il a été décidé que les marchés passés par le ministère de la Guerre et réalisés par simples lettres missives contenant l'engagement de l'entrepreneur ou des fournisseurs doivent être enregistrés conformément à l'article 78 de la loi du 15 mai 1818 (Décis. min. Fin. 17 déc. 1827, 21 nov. 1880, 10 août 1893).

Offre verbale. — Mais si l'offre du fournisseur n'a été faite que verbalement, l'acceptation, même écrite, de l'État ne constitue pas le marché administratif et ne tombe pas sous l'application de l'article 78 de la loi précitée (Décis. min. Fin. 25 juin 1877).

Timbre. — Les droits de timbre auxquels donnent lieu les marchés, soit pour l'adjudication, soit de gré à gré, sont supportés par ceux qui contractent avec l'État (Décr. 18 nov. 1882, art. 21).

Mémoires et factures. — Les mémoires dressés en simple original par les entrepreneurs ou les fournisseurs, après l'exécution des travaux ou la livraison des fournitures, et qui sont joints par les comptables publics, à titre de justification, aux documents de comptabilité, ne doivent pas, même s'ils sont acceptés par les autorités compétentes, être considérés comme des marchés soumis à l'enregistrement.

Ils constituent, en effet, de simples factures plutôt que de véritables contrats. De plus, n'étant pas dressés *en minute,* ils échappent au régime de l'enregistrement obligatoire établi par l'article 78 de la loi du 15 mai 1818 et exclusivement applicable aux actes rédigés en minute et susceptibles d'être délivrés en expédition (Arr. Cour Cass. 2 juin 1875, 4109, R. P.).

Les mémoires ainsi rédigés ne seraient soumis à la formalité qu'en cas d'usage, et cet usage ne résulte pas de la production des pièces à l'appui de la comptabilité (Décis. min. Fin. 14 janv. 1890, 7572, R. P.; 24 déc. 1891, 7951, R. P.; solut. 8 juill. 1892, 7942, R. P.).

« Pour que l'article 78 de la loi du 15 mai 1818 soit applicable, il ne suffit pas, en effet, que le mémoire dont il s'agit forme le titre de la convention ; il faut encore, et c'est là une condition essentielle, qu'il ait, dans sa forme antérieure, le caractère d'un acte administratif rentrant dans les prévisions de la loi. Or, la décision du ministre des Finances du 14 janvier 1890 a précisément reconnu que ce caractère n'appartient qu'aux actes dressés *en minute,* à l'exclusion de ceux dont les originaux sortent des archives des établissements publics pour demeurer annexés aux pièces de comptabilité.

« Il n'y a pas à rechercher non plus si, à raison du chiffre de la dépense, il aurait dû être passé un acte régulier. La perception ne saurait être établie d'après ce qui aurait dû se faire, mais bien sur ce qui existe effectivement. » (Solut. Admin. Enregistr. 8 juill. 1892.)

Toutefois, l'Administration de l'Enregistrement a, depuis la guerre, abandonné les principes de perception par elle émis dans la solution précitée. Il ressort des instructions adressées par elle qu'en l'absence de marché, les factures supérieures à 1.500 francs doivent être enregistrées, même si elles ne portent pas la mention qu'elles constituent un marché, toutes les fois qu'elles sont revêtues des signatures indispensables pour constituer le titre de la convention, c'est-à-dire lorsqu'elles sont signées par le fournisseur et par le représentant de l'autorité militaire (sous-intendant militaire, officier gestionnaire ou d'approvisionnement, etc.). Nous ne nous permettrons pas de critiquer cette nouvelle réglementation. Nous engageons même vivement MM. les officiers gestionnaires à s'y conformer strictement et, afin d'éviter tous ennuis ultérieurs, à faire enregistrer toutes les factures supérieures à 1.500 francs.

En ce qui concerne les factures ne dépassant pas 1.500 francs, le ministre des Finances a décidé, à titre de tolérance et pour faciliter les achats peu importants, que le paiement des droits d'enregistrement ne serait pas exigé. Toutefois, la formalité reste nécessaire s'il existe un marché en forme ou, en l'absence de marché, lorsque plusieurs factures inférieures à 1.500 francs procèdent d'une même convention conclue pour une somme supérieure à ce chiffre.

En résumé : 1° Lorsqu'il existe un acte de marché régulier, cet acte doit toujours être produit à l'appui de la dépense, après avoir été enregistré. Il ne peut pas être suppléé à cette production par des factures enregistrées, même si les marchés ne contiennent que des séries de prix. D'ailleurs, quand un acte de marché a été passé, cet acte seul doit être enregistré à l'exclusion des factures ;

2° A défaut de marché, les factures supérieures à 1.500 francs doivent être enregistrées ;

3° A défaut de marché, les factures inférieures à 1.500 francs ne doivent être enregistrées que si *elles procèdent d'une même convention conclue pour une somme supérieure à ce chiffre.*

Lorsque, dans un bordereau de justifications d'avances, il se trouvera plusieurs factures émanant d'un même fournisseur et dont l'ensemble sera supérieur à 1.500 francs, les gestionnaires devront indiquer si elles procèdent d'une même convention et, dans l'affirmative, les faire enregistrer.

Tarif. — Le droit est de 25 centimes % (décimes compris) (L. 28 avril 1893, art. 19). La perception suit les sommes de 20 en 20 francs inclusivement.

Le droit est perçu sur le prix exprimé ou l'évaluation des objets (L. 28 févr. 1871, art. 1-9°). Suivant l'article 2 de la même loi, si les sommes ou valeurs ne sont pas déterminées dans l'acte, il y sera suppléé conformément à l'article 16 du 22 frimaire an VII, par une déclaration estimative des parties.

Enregistrement hors délai. — Si l'acte n'est pas enregistré dans le délai de vingt jours, il est dû un droit en sus, comme pénalité.

TABLE DES MATIÈRES

CHAPITRE I

AVANCES AUX AGENTS SPÉCIAUX DES SERVICES RÉGIS PAR ÉCONOMIE

CHAPITRE II

DES JUSTIFICATIONS D'AVANCES

NANCY, IMPRIMERIE BERGER-LEVRAULT — OCTOBRE 1917